ENSAIO DE ANTROPOLOGIA
Itinerário existencial – Caminhos e atalhos

Editora Appris Ltda.
1.ª Edição - Copyright© 2024 do autor
Direitos de Edição Reservados à Editora Appris Ltda.

Nenhuma parte desta obra poderá ser utilizada indevidamente, sem estar de acordo com a Lei nº 9.610/98. Se incorreções forem encontradas, serão de exclusiva responsabilidade de seus organizadores. Foi realizado o Depósito Legal na Fundação Biblioteca Nacional, de acordo com as Leis nos 10.994, de 14/12/2004, e 12.192, de 14/01/2010.

Catalogação na Fonte
Elaborado por: Dayanne Leal Souza
Bibliotecária CRB 9/2162

J588e
2024
	Jesus, Luís Fernandes de
	    Ensaio de antropologia: itinerário existencial – caminhos e atalhos / Luís Fernandes de Jesus. – 1. ed. – Curitiba: Appris, 2024.
	    47 p.; 21 cm.
	
	    Inclui referências.
	    ISBN 978-65-250-6944-9
	
	    1. Caminho. 2. Existência. 3. Encontro. 4. Projeto. 5. Mudança. 6. Autoconhecimento. 7. Superação. I. Jesus, Luís Fernandes de. II. Título. III. Série.
	
	CDD – 142.78

Appris editora

Editora e Livraria Appris Ltda.
Av. Manoel Ribas, 2265 – Mercês
Curitiba/PR – CEP: 80810-002
Tel. (41) 3156 - 4731
www.editoraappris.com.br

Printed in Brazil
Impresso no Brasil

Luís Fernandes de Jesus

ENSAIO DE ANTROPOLOGIA
Itinerário existencial – Caminhos e atalhos

Curitiba, PR

2024

FICHA TÉCNICA

EDITORIAL	Augusto V. de A. Coelho
	Sara C. de Andrade Coelho
COMITÊ EDITORIAL	Marli Caetano
	Andréa Barbosa Gouveia (UFPR)
	Edmeire C. Pereira (UFPR)
	Iraneide da Silva (UFC)
	Jacques de Lima Ferreira (UP)
SUPERVISORA EDITORIAL	Renata C. Lopes
PRODUÇÃO EDITORIAL	Adrielli de Almeida
DIAGRAMAÇÃO	Amélia Lopes
CAPA	Lucielli Trevizan
REVISÃO DE PROVA	Jibril Keddeh

Dedico esta obra à minha família: esposa Eleide, ao filho Lucas e à filha Letícia, razão de minha existência.

APRESENTAÇÃO

Sempre tive fascínio pela vida humana e pelas surpresas diárias que vão surgindo ao longo da existência. Viver é lidar com o desconhecido todos os dias, ou seja, traçamos metas com base em experiências passadas, mas não temos certeza de nosso porvir, apenas projetamos de acordo com nossas crenças e esperamos que o futuro seja como planejamos.

Viver de fato é assombroso se partir do pressuposto de que a vida é um projeto em construção que vai sendo tecido ao longo da caminhada existencial, desde a infância com a descoberta de si e do mundo ao seu redor, a adolescência com sonhos e indagações, a juventude e a conquista de seu espaço como pessoa, a vida adulta e a exigência profissional e a independência e, enfim, a maturidade individual e de cidadão. Todas as fases da vida contribuem para a formação do caráter e da personalidade do indivíduo que está sempre em construção. É como afirmou o filósofo francês Jean Paul Sartre (1905 — 1980): "o ser humano tem um princípio e um término, visto que seu viver é um projeto de totalização constante em curso. Ao ser lançado ao mundo, o homem é artífice de si mesmo e vai se definindo ao longo da vida, fruto de suas escolhas e as possibilidades que o meio lhe oferece".

Neste contexto vital, lutamos contra obstáculos encontrados na caminhada existencial, buscamos alternativas para superar as angústias e a sensação de impotência diante da vida e do mundo que impõe surpresas desagradáveis em certas ocasiões de nosso itinerário, mas o desejo de superação é uma luta constante ao ser humano, está na essência, na genética de todo indivíduo. É a luta pela vida, pelo aperfeiçoamento de nosso ser no mundo, a partir de experiências vividas pela humanidade e partilhada através de conhecimentos adquiridos, vamos nos adaptando às necessidades do momento e encarando os desafios com energia, força e bravura para atingir a plenitude de nosso projeto existencial. É fascinante, não é?

O autor

PREFÁCIO

Quem traça o itinerário?

Os caminhos, tortuosos ou não, e os atalhos são escolhas tiradas das lições aprendidas por cada indivíduo em seu itinerário. É o que mostra Luís Fernandes de Jesus em seu "*Ensaio Antropológico*".

O livro inicia com "*O encontro*". O humano só é possível com o encontro. "*Uma pessoa não pode ser humana sozinha*"[1].

Mostra que a vida se dá no encontro com o outro, com o entorno, principalmente consigo mesmo. Vamos lembrar o poeta Vinícius de Moraes: "*A vida é a arte do encontro, embora haja tantos desencontros pela vida*".

Em "*Tomando consciência de si*", parte do processo das experiências extrafamiliares, dos conflitos, tudo aquilo que é fundamental para a constituição da individualidade.

Seguem encontros e desencontros nessa trilha. Nela surgem os projetos, as escolhas, o acaso, as perguntas, até se chegar à consciência das qualidades e limites.

"*A vida é uma construção*", afirma o autor, desde os sonhos à sensação de utilidade no todo social e à busca do prazer, que é ameaçado a partir de três fontes: a natureza, que não raro é ameaçadora; os outros, a sociedade, muitas vezes impositiva e segregante; e o próprio indivíduo, cujas escolhas podem conflitar com o desejado (Freud, "*O mal-estar na civilização*").

No conflito, crescemos e podemos superar as ameaças e, principalmente, superar limites. É o que o autor nos mostra em "*Sensação de desamparo*".

---

[1] BERGER *apud* RIOS, Terezinha Azerêdo. **Ética e competência**. São Paulo: Cortez, 1993.

Sabemos, seja pela Ciência seja pela Bíblia, que a vida precede o homem. E em todas as formas de vida se verifica o aprendizado, visando à sua manutenção, o mais possível, tanto no espécime quanto em sua descendência. É o que se põe em "*Existir para quê?*" É a "*vida*" que, "*nesse sentido, tem valor universal e divino...*", como pondera o autor. "*... valor que não se mensura com bens materiais ou riquezas...*"

"*... sozinho não se chega a lugar nenhum*", escreve Luís Fernandes em "*Lapidando o mundo*". O humano é gregário e agrega a si e ao grupo o que cria e produz, nos faz ver o autor. Busca em si a proximidade ao divino. Caracteriza-o a busca e o aprendizado por se saber pequeno.

"*O homem não é senão um caniço, o mais fraco da natureza, mas é um caniço pensante*" (Blaise Pascal, "*Pensées*"). E é esse pensar que o diferencia, que o leva a criar, através do trabalho, um mundo melhor.

Partindo do conceito aristotélico de *pólis* — que toma a cidade como um organismo vivo, onde o cidadão busca o bem soberano, estabelecendo com os outros um vínculo afetivo e onde a relação entre as partes é ordenada por um regime — traça os trilhos da complexidade que surge na soma das cidades, constituindo a nação, e de sua consequência na concepção e organização política. "*A sonhada pólis*".

Do puramente físico ao metafísico; do reconhecimento da fragilidade material à crença numa entidade sobrenatural. Em "*Almejando o paraíso*", o autor reflete sobre a busca de respostas a indagações, caminhos para a resolução dos conflitos na esperança do "*paraíso prometido*" e a religação do humano com a divindade.

"*Cultivando a mente, dominando o corpo*". O título já nos remete a cultura. Como se constroem os valores que permeiam nossa sociedade? A reflexão passa pela consideração de estudos científicos e filosóficos, pela influência do religioso e econômico e o legado dos que nos precederam.

Do pertencimento ao coletivo, da identificação com os valores do grupo social à consciência de si, o humano se pergunta sobre a própria origem e destino e sobre sua própria individualidade. A reflexão conduz à dualidade matéria/psique, corpo/alma e à relação eu/universo.

"*Finalizando a viagem*" traz considerações sobre juventude e velhice, sobre a vida com a perspectiva da morte.

A "*Conclusão*", embora se possa pensar que seja do autor, é de quem lê as pertinentes reflexões contidas no livro de Luís Fernandes de Jesus e traça seu próprio caminho.

Luís Alberto Cinquarole Bellissimo
Professor de Língua Portuguesa e Literatura

SUMÁRIO

Introdução 15

O encontro 17

Tomando consciência de si 19

Sensação de desamparo 21

Existir para quê? 23

Lapidando o Mundo 25

A sonhada pólis 27

Almejando o paraíso 31

Cultivando a mente, dominando o corpo 34

Ocupando um espaço no Universo 38

Finalizando a viagem 42

Conclusão 45

Referências 47

Introdução

Neste ensaio com viés antropológico pretendo abordar, de forma superficial, algumas facetas da existência humana, desde o reconhecimento da individualidade, as exigências sociais e políticas, até a trajetória final.

Vou partir do pressuposto de que a vida vai sendo construída ao longo de um itinerário existencial e, nesta travessia, o indivíduo vai adquirindo experiência para lidar com os conflitos que aparecem nos atalhos da vida e, com isso, ganha resistência e espírito empreendedor, pois viver é uma luta diária de superação, resolução de problema, de conquista e avanço para desbravar novos horizontes.

Neste itinerário, chamado vida, são muitos os encontros com pessoas, lugares e mais importante é o encontro conosco mesmo, o autoconhecimento, aprender a lidar consigo é um ganho imensurável e fundamental para manter o equilíbrio emocional e não se contaminar com falsas opiniões, talvez seja o segredo da maturidade plena e da formação da personalidade e caráter. As experiências adquiridas proporcionam energia, conhecimento e habilidade para preservar a vida de riscos e ameaças no decorrer de atalhos e caminhos tortuosos que vamos encontrar ao longo da vida. As provações servem para aguçar a consciência e potencializar o indivíduo para seguir em frente, remover obstáculos, buscar novas alternativas e seguir a trilha sem desanimar, com autoconfiança e certeza de que é possível vencer a jornada com realização e sucesso.

Trilhando por este caminho, trilho da existência, o indivíduo busca apoio de outras pessoas, percebe que de mãos dadas fica mais fácil escalar montanhas e lapidar o mundo por meio da criatividade e do trabalho, facilitando a vida para superar os limites do corpo e intempéries da natureza, inventando ferramentas, utensílios, casas, celeiros, produzindo alimentos, remédio, domesticando animais, criando tecnologia e transformando o mundo à sua imagem e semelhança. Vivendo em sociedade, o indivíduo percebe que aumenta seu poder de resistência diante dos perigos que o mundo oferece, por isso se organiza por meio da política, registra experiências, cria a cultura e a religião para dar suporte e acomodar suas indagações sobre os mistérios que rondam a vida.

Nesta travessia, dependemos uns dos outros, mas cada indivíduo é único e tem desejos latentes de conquistar o seu espaço, ser reconhecido como pessoa e pelo seu projeto, pelos feitos conquistados para melhorar a vida de todos, no intuito de amenizar o caminho para que outros possam trilhar com segurança e, no final do itinerário, ter a consciência em paz com a sensação de dever cumprido. Viver é caminhar, compartilhar e conviver com pessoas, animais e os fenômenos da natureza, sem arrefecer a esperança e os sonhos que cada um tem dentro de sua alma.

O encontro

Certa vez, passando por um lugarejo, parei para pedir informação a um senhor que aparentava ser bastante idoso, cumprimentei-o e depois perguntei-lhe se podia me informar sobre meu itinerário, uma vez que nunca havia passado por ali e estava me sentindo confuso e com dúvida em relação ao meu trajeto. Aquele senhor me olhou demoradamente e depois falou-me que tinha a impressão de me conhecer de algum lugar. Sem hesitar, disse a ele que poderia ser que já havíamos convivido em alguma parte deste planeta, ou ainda, que existe uma energia que conecta as pessoas mesmo estando distante, a telepatia.

Fitando o olhar cansado e reflexivo, sacudiu a cabeça em sinal de concordância, depois de uma pausa, com voz rouca e cansada foi dizendo: "a vida é uma caixa de surpresa, convivemos com algumas pessoas a vida inteira e sempre as vemos como desconhecidas, outras, apenas com um primeiro olhar já as identificamos como alguém que fez parte de nossa história há muitos anos".

A fala daquele senhor ecoou em meus ouvidos e em minha mente, pois nela estava o segredo de nossa existência e de nossos relacionamentos interpessoais. A vida vai nos transportando ao encontro de muitas pessoas, em lugares diferentes deste planeta, sem as quais não seríamos nós mesmos, ou seja, o encontro e a convivência determina o rumo de nossas ações e influencia no amadurecimento de nossa personalidade. É através das experiências vividas que crescemos como pessoa e desenvolvemos nossa identidade. Apesar de que algumas pessoas passam por nós e não deixam rastros, outras marcam nossas vidas para sempre.

Na vida, há muitas interrogações e as respostas nem sempre são convincentes de imediato, pois às vezes caminhamos por estradas que nos levam a várias cidades e povoados, planejadas ou pelo menos havia uma projeção e expectativa em relação a nossa passagem por ali. Outras vezes seguimos sem rumo e aterrissamos em lugares inesperados, mas que, de alguma forma, sentimos que nossa presença naquele lugar era predestinada e a convivência trouxe ganhos fundamentais para compreender o porquê de nossa existência e missão por este planeta. Com o passar dos anos, vamos compreendendo nossas indagações sobre a vida e sua finalidade e, principalmente o encontro com pessoas de vários tipos ou personalidades e que, algumas afrontam os nossos valores e outras se identificam com nossa maneira de ser, pensar e ver o mundo. Como disse aquele senhor da informação, há uma química ou uma energia que conecta pensamento e alma de pessoas que têm o mesmo propósito neste Universo, ondas eletromagnéticas que transmitem ideias e pensamentos, sinais, aura, que não são sonoros e visíveis, mas percebidos pela alma ou de forma subjetiva.

A vida é tecida de muitos encontros, com pessoas, paisagens, lugares, principalmente conosco mesmos e assim vamos avistando propósitos e objetivos a serem alcançados que estimulam nosso projeto de vida e nosso crescimento, proporcionando a sensação de evolução e realização pessoal. A vida é uma viagem que nos leva a várias fases e estágios, lugares sonhados ou não, permitindo o desenvolvimento das habilidades fundamentais para viver. Nesta aventura, vamos descortinando o segredo da vida. Ser itinerante é o nosso destino para o encontro com o outro e com o nosso ser, encontrar o equilíbrio entre as três dimensões existenciais: corporal, espiritual e social.

Tomando consciência de si

O despertar para a vida é um processo lento. As descobertas vão acontecendo gradativamente e de forma diversa, isso porque a percepção de mundo é secundária no início da vida. O indivíduo não tem seus mecanismos de comunicação e compreensão bem desenvolvidos nos primeiros meses de vida, tudo ao seu redor faz parte de si, é extensão de seu corpo. Seus instintos são primários, que permitem a manutenção das necessidades básicas de sobrevivência. Com o passar dos meses, entre um ano a dois, a criança começa a fazer distinção entre seu corpo e objetos ao seu redor, desenvolve primeiro o paladar e a visão. Nesta fase a curiosidade aumenta, pois manuseia tudo o que vê pela frente e em seguida leva à boca. Segundo o psicanalista Sigmund Freud (*Introdução à Psicanálise, 1916 – 1917*)," o indivíduo está vivendo o seu primeiro estágio de vida que chamou de oral". É na primeira infância que a criança começa a dominar o espaço e interagir com objetos e pessoas próximas a seu convívio.

Avançando um pouco mais no itinerário existencial, o indivíduo descobre que existem regras no mundo dos adultos e que precisa absorvê-las para ser aceito pelos seus genitores e obter proteção e segurança, embora isso possa ser traumático a princípio, uma vez que imagina ser o centro do mundo. Em sua fantasia, tudo tem que girar em torno de si, pois ainda não tem noção da dimensão do mundo e quão frágeis e pequenos somos nós.

Seguindo a viagem, o próximo destino chama-se socialização e para isso é necessário dar mais um passo nesta aventura e beber das fontes dos conhecimentos consagrados pela cultura e tradição social, onde a vida surgiu de forma inesperada e enigmática, pois viver é uma projeção que vai se consolidando no dia-a-dia. Começa a fase escolar e com ela o encanto com a magia dos códigos e signos escritos, o letramento, e o despertar para vários mundos: depois das experiências familiares, agora as científicas, culturais, religiosas, sociais, políticas e a mais importante de todas, a tomada de consciência do mundo individual, o seu interior, que é original, desconhecido e único.

Neste trajeto chamado vida, a descoberta da individualidade inaugura mais uma etapa importantíssima da existência humana. É quando aflora a subjetividade e a explosão de sentimentos e emoções, até então ignorados, que vão moldando e colorindo o mundo. Muda-se a forma de ver, pensar e sentir os fatos ao nosso redor, bem como as interpretações das construções humanas ao longo do tempo. É o desejo latente de ser pessoa, sujeito de sua história. Tudo ganha novo significado uma vez que a percepção e visão de mundo passa pela óptica pessoal. Porém, o indivíduo agora precisa desenvolver outra habilidade, a de lidar com as indecisões que surgem ao longo da vida. Esta etapa é chamada de adolescência, fase introspectiva, de amadurecimento da personalidade e do caráter. Etapa intermediária entre a infância e a vida adulta, que desperta para reconhecimento do papel social e tomada de consciência de si, mas que aparecem os conflitos existenciais, uma vez que não é mais criança e não tem reconhecimento de adulto. Nessa faixa etária surgem muitas angústias em relação a si mesmo e ao seu futuro, pois tudo é novo e não tem experiência suficiente para lidar e resolver os problemas que vão surgindo ao longo desta travessia, mas é necessário para criar anticorpos e resistência ao estresses que surgirão no caminhar da vida. Quando tomamos consciência de nossas qualidades e limites fica mais fácil gerenciar os conflitos existenciais sem sofrimentos. Travessia esta de altos e baixos, encantos e desencantos. Desperta para a subjetividade.

Sensação de desamparo.

Ao inaugurar a vida adulta, depois de atingir a maioridade, o indivíduo tem, obrigatoriamente, de fazer escolhas de acordo com as possibilidades que se abrem aos seus olhos e à sua mente, influenciado pelos caminhos percorridos no itinerário até então. Lembrando que o presente é consequência do passado e o futuro depende das escolhas do presente. A vida é uma construção, resultado das fases existenciais vividas, momentos bons ou não, todos eles contribuem para a formação da consciência, da resistência física e emocional, fatores fundamentais para a travessia de morro e penhasco no trajeto a percorrer nos trilhos da vida, dando energia e força para superar os embrolhos que possa encontrar nos atalhos da existência.

Os sonhos e a formação da infância são fundamentais para sedimentar o projeto de vida latente, talvez inconsciente, mas que transforma em motivação e anseio para seguir em frente, no intuito do sucesso. Todo cidadão quer ser útil, produtivo, realizado enquanto pessoa e ter reconhecimento pela posição que ocupa na sociedade. É como afirmou o filósofo inglês John Stuart Mill (*Utilitarismo, 1854 – 1860*): "todo cidadão deve buscar o seu próprio bem e que a liberdade de escolha deve proporcionar mais felicidade do que dor, e ser útil a um número maior de pessoas". Felicidade aqui é entendida como bem-estar, prazer, realização daquilo que buscamos em nossas vidas. Certo é tudo o que gera felicidade e errado é o que causa sofrimento.

Como na vida nada está claro e o futuro é uma incógnita, toda escolha gera dúvida, angústia, insegurança e medo, mas a escolha do caminho a percorrer é uma determinação da natureza humana, mesmo sem certeza do sucesso, mesmo não escolhendo já fazemos uma escolha, a de não escolher. Então, o indivíduo escolhe de acordo com seus sonhos e ideais, o que gostaria de ser, sem saber qual o melhor caminho a trilhar. Agora se sente só e desamparado, sem ninguém para segurar sua mão e mostrar o caminho, para manter o equilíbrio nas travessias perigosas de pinguelas sobre riachos e ribanceiras. Tem que aprender a equilibrar e contornar obstáculos, sem contar os atalhos e bifurcações, tropeços reservados pela vida.

"Todo caminho se faz caminhando" como disse o poeta espanhol Don Antonio Machado, do século XIX. Conhecemos a estrada quando viajamos por ela. A sensação de desamparo pode ajudar no sentido de que permite ao cidadão ser senhor de si, dono de suas aventuras e peripécias, já que se torna responsável por suas ações e consequências. As dúvidas e os conflitos gerados pelas incertezas ao lançar-se a caminho transformam-se em amadurecimento emocional e ajudam a desenvolver a reflexão e o raciocínio lógico na busca de alternativa para suavizar o itinerário. São as experiências ao longo da vida que nos fazem resistentes, solidários, empáticos, resilientes e confiantes, pois nos dão força para superar possíveis obstáculos encontrados no caminho. Crescemos com os problemas e soluções quando elucidamos a estrada com a luz da razão e ampliamos nossa visão para além de nossos limites. Como afirmou um filósofo dinamarquês chamado Kierkegaard (*Estádio do Caminho da vida, 1845*): "no mundo do possível tudo é possível". Temos que acreditar e vislumbrar o que é pertinente ou não, se traz felicidade e utilidade para si e às pessoas com quem convivemos. Essa é a chave do sucesso. A sensação de desamparo pode transformar em oportunidade e mudança de postura no enfrentamento dos problemas, quando há autoestima e conhecimento.Compreender que na trilha da existência tudo é possível, reagir diante dos obstáculos ou sentir-se desamparado, é a lei do livre-arbítrio.

Existir para quê?

No caminhar da vida, muitas perguntas surgem a respeito do valor da vida, sua finalidade e qual o melhor itinerário a ser percorrido para a satisfação e bem-estar pessoal e dos entes ao nosso redor, que, por essência, somos seres sociais e precisamos da convivência e do afeto de pessoas, principalmente daquelas que estão conectadas na mesma onda de energia que nós. São pessoas especiais e de boa convivência, que transmitem paz e harmonia no ambiente onde se encontram, permitindo que a vida seja leve e agradável.

Quando indagamos sobre o valor da vida, vêm à mente muitas hipóteses sobre o que é valor, como valoramos, a partir de quais parâmetros e se esses são confiáveis e válidos para todos, "um imperativo categórico", como elucidou o grande filósofo alemão Immanuel Kant (*Crítica da Razão Prática*, 1788), já que a vida é um bem universal, não é apenas propriedade do sujeito que vive, que o mesmo pertence a uma espécie, a dos seres humanos. Percebemos a complexidade da existência quando compreendemos que a vida tem vínculo com o passado pelas raízes que sustentam o nosso existir, mas também com o presente pelo fato de nossas relações sociais e afetivas, deixando de sermos apenas pessoas para nos tornarmos cidadãos.

Retrocedendo a priori nos caminhos da história e evolução humana, vamos compreender que o presente e todas as conquistas humanas dependeram de tomadas de decisões e sacrifícios de nossos ancestrais, tudo foi evoluindo com muito esforço, garra e superação, às vezes fruto de renúncia da própria existência. Verdadeiros heróis que se lançaram em busca de melhorias, mesmo correndo risco neste mundo perverso e tirano, onde a força e o poder fazem a diferença para muitos, aniquilando quem não os possuem.

Nesta perspectiva, vamos compreender que a vida não nos pertence, que a recebemos de nossos pais, geneticamente falando, mas que vai além da nossa família primária, porque recebemos genes de gerações anteriores e, com eles, as manifestações comportamentais que vão se perpetuando ao longo do tempo ou arquétipos como afirmou Carl Jung, psicanalista suíço (*Na Natureza da Psiquê*, 1960): "arquétipo representa padrões de comportamento associado a um personagem ou papel social, transmitido de gerações a gerações". São símbolos e imagens que residem no inconsciente coletivo da humanidade.

A vida, nesse sentido, tem valor universal e divino, pois a existência é dada por gerações passadas e, se preferir, por um Criador que chamamos de Deus. O valor da vida ultrapassa o tempo porque sua origem é milenar e também o espaço terra por seu aspecto sagrado e misterioso aos olhos humanos. Valor que não se mensura com bens materiais ou riquezas, mas por reconhecimento dos dons e habilidades na construção de algo positivo, para atravancar sofrimentos e criar ambiente de paz e felicidade pelos caminhos por onde trilharmos nesta vida.

Somos responsáveis uns pelos outros, pois faz parte de nossa essência viver e conviver com nossos semelhantes e, nesta sintonia, construir pontes para amenizar a travessia para todos que virão depois de nós. Desbravar matas, serras e pantanais para que o itinerário seja suave e seguro. A finalidade da vida é viver em função do outro, só assim seremos fortes, reconhecidos e teremos a satisfação da missão cumprida. "Nenhum homem é uma ilha", disse Thomas Morus, filósofo inglês, no seu livro *Utopia*. Viver é conviver, com plantas, animais e pessoas. Ser energia positiva e contribuir para a melhoria do meio ambiente e do habitat comum a todos.

Lapidando o Mundo.

Trilhando por essa vida, vamos percebendo que sozinho não se chega a lugar nenhum. Em muitos lugares desta travessia precisamos dar as mãos para superar os obstáculos que encontramos nos atalhos do percurso. Somos seres comunitários, viver em grupo é nossa marca. Para viver dependemos de uma infinidade de pessoas e coisas ao nosso redor. Se observarmos, desde o amanhecer até o findar do dia, utilizamos objetos e utensílios fabricados por muitas pessoas, que contêm muito de cada um que deu sua contribuição para a existência de tudo o que foi produzido. Quem trabalha para produzir algo deixa um pouquinho de si no objeto que produziu, sua marca, sua energia e sobretudo, os seus sentimentos e traços de humanidade.

De acordo com a Sagrada Escritura, no ato da criação Deus disse: "façamos o homem a nossa imagem semelhança[...]e a ele é dado o domínio sobre todas as coisas; para se multiplicar, encher a terra e a dominar[...]" *(Gênesis 1, 27)*. Como lemos, nossa origem é divina e tem um propósito bem claro, cuidar das obras criadas e dar continuidade à criação, já que fomos criados à imagem e semelhança de Deus. Logo, temos a incumbência de sermos produtivos, construir pontes e caminhos, objetos, tecnologias, alimentos, conhecimentos, remédios e tantos outros bens, para suavizar a árdua caminhada por estas efêmeras terras. Ser produtivo faz parte de nossa missão e essência humana.

No desejo de perfeição e de infinitude, o ser humano vai modelando o mundo de acordo com seus anseios e projetos, tem a necessidade de extrapolar barreiras e empecilhos, afinal temos que sempre dar um passo a mais e buscar o novo, o inédito. Por natureza, temos em nosso ser a inquietude, desejo de conquistar e descortinar o desconhecido mundo que vai além de nossa visão e compreensão.

Temos a percepção e intuição que há algo por trás da abóboda celeste que nos cerca e das geleiras polares, mas que precisamos desafiar nossa mente e superar nossos limites para transitar para além do permitido pela nossa existência e pequenez. Como afirmou o filósofo francês Blaise Pascal (*A Condição Humana*): "O homem situa-se neste mundo entre o tudo e o nada, é um nada diante do tudo e é tudo diante do nada". O que salva o ser humano de sua pequenez é a razão, essa ânsia de conhecer e de superar a fragilidade existencial.

Seguindo essa lógica humana, a produtividade é uma das tarefas principais de nossa existência. Desde pequeno o indivíduo almeja fazer algo, mesmo que seja imitando os adultos, percebe que precisa trilhar caminhos novos e caminhar com as próprias pernas. Assim é a vida, todos precisam dispor a energia vital para produzir algum objeto que seja bom para si e para outros. Cada um vai se destacando em uma área de acordo com os dons naturais, pois são eles que fazem despertar a curiosidade e o estímulo para aprender a fazer e aperfeiçoar um determinado produto, dando a ele a autenticidade e características pessoais. É nesse sentido, que a sociedade econômica e produtiva, vai se organizando e valorizando bens e serviços, o trabalho passa a ser a atividade humana por excelência, pois é ele que permite a manutenção e evolução da vida e a transformação do mundo. Pelo trabalho, o homem produz bens e a si próprio. Quando exercido com consciência e prazer o trabalho dignifica.

Ser produtivo é contribuir com o projeto original de Deus, transformar a matéria bruta num mundo melhor e mais perfeito possível, à semelhança do seu Criador. Somos responsáveis para produzir um planeta mais humano e sustentável para nós e para os que virão. Com energia, força e coragem, vamos lapidando a matéria uniforme num espaço com forma, estética e brilho.

A sonhada pólis

Na corrida existencial, os humanos sempre ficam atentos à segurança e proteção de sua espécie. A vida humana e sua evolução só são possíveis porque o homem vive em grupo de forma organizada, recebe os cuidados necessários para o seu crescimento físico e intelectual, uma vez que nascemos frágeis e nosso corpo fica pronto para a defesa das intempéries do meio, depois de alguns anos. Para garantir a vida e seu desenvolvimento, os humanos criaram a arte da política.

Segundo o filósofo grego Aristóteles (do século IV a.C. — A Política), a política é anterior à sociedade, isso porque, para ele, "o homem é um animal político por natureza". É essa condição que permite aos humanos viver por mais tempo e em sociedade, pois a política tem o objetivo de proteger seus membros, principalmente aos mais vulneráveis. Nesse sentido, político tem a função de cuidar de todos os cidadãos que compõem a cidade. Com Aristóteles estava nascendo a ideia de pólis, lugar de paz e segurança para todos.

Com o passar do tempo, a sociedade humana foi se tornando complexa e a forma de vida também foi modificando, novas exigências foram surgindo no cenário político. Nasce o conceito de pátria, nação, cultura, território e sobretudo o Estado e o poder, poder constituído e reconhecido pela população nacional e internacional. Assim o político passa a ser uma autoridade constituída de forma legal e de direito. Toda nação tem que ter uma Constituição, lei maior para dar parâmetro à ação social e política.

Trilhando os caminhos dessa evolução, vamos encontrar muitas teorias e uma infinidade de propostas para gerir a política em épocas e tipos de sociedade diferentes, tais como: Aristocracia (poder dos melhores), Teocracia (poder de Deus), Tirania (poder do tirano, autoritário), Monarquia (poder do monarca, do rei), Filocracia (poder do sábio), Anarquia (nega o princípio de autoridade constituída) e Democracia (poder do povo para o povo). Dentre as inúmeras sugestões de forma de governo e exercício do poder, vou citar apenas três pensadores da Idade Moderna, Hobbes, Rousseau e Montesquieu, que julgo serem mais próximas de nós e que ainda se fazem presentes em nosso contexto social e político.

Para o filósofo inglês Thomas Hobbes (*O Leviatã*), o Estado deve ser forte com poder centralizado, pois precisa ter capacidade de conter impulsos naturais que promovem uma relação caótica entre as pessoas. Para ele, "o homem é o lobo do próprio homem". É mau por natureza. O estado precisa ser soberano, ter poder acima dos humanos para conter a maldade natural do homem. Como a vida é uma luta de todos contra todos, o homem obedece o poder do Estado para ter segurança e garantir sua própria vida. O poder político é necessário e fundamental para garantir a sobrevivência humana. Sem a política, viveríamos uma guerra interminável de todos contra todos, já que naturalmente somos egoístas e maldosos. De acordo com o pensamento de Hobbes, é a política que garante a segurança e a manutenção da vida em sociedade, impõe limites e respeito uns pelos outros. Esse ideal ainda está circulando entre nós quando deparamos com pessoas que pregam a volta da ditadura, regime que dá pleno poder ao governante, impedindo a participação popular nas ações governamentais.

Outro filósofo que discorreu sobre a política, foi o francês Jean Jaques Rousseau (*Do Contrato Social*), para ele, "o homem nasce bom, a sociedade o corrompe".

Segundo Rousseau, a sociedade opera modificações sobre o homem, e a partir do estado político, por meio de um contrato social, as ações individuais devem respeitar as leis que levam em consideração a vontade geral que tende sempre à conservação e ao bem-estar do todo e de cada parte. Para ele, a liberdade natural do homem, seu bem-estar e sua segurança seriam preservados através de um contrato social, cuja soberania política é a vontade coletiva. Estava nascendo a ideia de democracia natural, uma vez que o povo é soberano. O poder é exercido por meio de um contrato social, sua legitimidade depende do consenso geral e da liberdade de todos. Nesta teoria, verificamos o domínio da política democrática, já não é o Estado Soberano, mas sim o povo. Esse ideal se assemelha a nossa forma de fazer política, talvez indireta, mas com alguns mecanismos de participação popular: o voto em eleições de escolha de nossos representantes, em participações como movimentos sociais em defesa de objetivos coletivos entre outros. Nosso contrato social hoje se dá por meio do voto e manifestações populares. Quando votamos estamos delegando ao candidato para nos representar nas decisões políticas, seja ele no legislativo ou executivo.

Como controlar o poder, a soberania política e o bem-estar e a liberdade de todos? Outro filósofo francês chamado Montesquieu (*O Espírito das Leis*), propôs que o poder seja subdividido em três instâncias: o poder Legislativo que tem a função de legislar sobre assuntos e conflitos de interesse coletivo; o poder Judiciário que tem a incumbência de julgar quando as ações sociais não estiverem de acordo com a Constituição; e o poder Executivo com a missão de executar ou fazer cumprir o contrato social. Para Montesquieu, "só o poder controla o poder", já que ninguém pode estar acima da lei. A lei é soberana e válida para todos, "poder do povo e para o povo". É esta última organização política que funciona em algumas partes do mundo, principalmente no Brasil, com algumas modificações. Em Brasília, na capital de nosso país, encontramos a Praça dos Três Poderes, onde funcionam a Câmara dos Deputados e o Senado, representantes do Legislativo, o Palácio do Planalto, sede do poder Executivo, morada do presidente da República e o STF, sede do poder Judiciário. Embora não seja uma perfeição, houve muitos passos para construir metas de melhoria para o poder constituído, em benefício da coletividade.

Como vemos, a política é uma organização necessária para manter direitos e deveres numa sociedade complexa, com muitos segmentos e interesses individuais. Nesse sentido, temos a instituição política amparada por leis de acordo com interesses da maioria, também temos a sociedade civil, esta última com a responsabilidade de gerir as atividades econômicas da nação.

A política, por ser uma instituição de poder, governa com o auxílio de forças, a ostensiva, representada pelo aparato de segurança e forças policiais, cujo objetivo é agir com repressão quando um indivíduo ou grupo não respeita as normas estabelecidas e precisa ser coagido. Temos também a força ideológica que age de forma sorrateira através dos meios de comunicação e valores impostos pelo Estado à nação, formando cidadãos de acordo com princípios morais e éticos, cujo objetivo é manter a coesão de seus membros em torno do ideal de pátria e pertencimento a uma nação, bem como pelo zelo da cultura que proporciona identidade e resistência às influências externas que podem enfraquecer a soberania de um país.

Para chegar ao estágio em que estamos, foi preciso trilhar vários caminhos, desbravar novos rumos por meio de revoluções, guerras, lutas e perda de muitas vidas. Com consciência coletiva e garra, foram possíveis mudanças na organização social e política, uma vez que, em regime democrático, como o atual, "o poder emana do povo para o povo", mesmo que seja representado por uma pequena parcela eleita pelo voto dos cidadãos, mas que tem o dever de representar o interesse coletivo da nação. Fazer política é pensar no bem comum, direito de todos e dever do Estado em garantir igualdade. Como diz na Constituição; "todos são livres e iguais perante a lei". Quando todos entenderem que a política é o único caminho que temos para mudar o rumo do itinerário social, construir uma sociedade justa e igual entre os seus membros, construiremos a tão sonhada pólis, com equidade, proteção e bem-estar a todos.

Almejando o paraíso

No transcorrer da existência deparamos com situações adversas, altos e baixos, que muitas vezes fogem de nossa compreensão, porque não temos força necessária para enfrentar determinados acontecimentos que surgem em nossas vidas de forma inesperada. É no momento de impotência que nossos olhos se voltam para o alto pedindo ajuda, pois acreditamos que algo divina possa nos auxiliar. Todo indivíduo tem dentro de si crença que remete a entidade sobrenatural, desejo e imaginação que ultrapassa a realidade humana. A busca pela perfeição, algo infinito, a força da graça divina e tantos outros pensamentos que povoam nossa mente, motivam a viver e superar a vulnerabilidade existencial, dando esperança nos momentos mais difíceis da travessia da existência.

O reconhecimento de nossa fragilidade aguça em nossa mente a compreensão de que nada pode ser por acaso na lógica da vida, dando-nos a certeza de que existe um Ser que comanda tudo neste imenso Universo, que muitas situações fogem do nosso querer ou escolha pessoal. A própria existência, a natureza e seus ciclos e tantos outros exemplos estampados aos nossos olhos acontecendo diariamente, que não é determinado por vontade humana, faz com que passemos a acreditar em algo a mais. Um Ser Criador, transcendente, que vai além de nossa compreensão, mas que desperta em nós a crença em seu poder sobre todas as frágeis criaturas que vivem imersas na realidade material, ou seja, estão presas à lei da matéria: nascer, crescer, viver e morrer. Vegetais, animais e humanos com o mesmo destino, o de ser transitório. É o reino da mudança e da transformação, comandado pelo movimento cósmico, energias que agregam e separam partículas e células, embora invisíveis, natureza em ebulição, acontecendo constantemente.

Pelas experiências e percepções da realidade humana e natural, é possível associar que existe uma mão invisível, um poder secreto, mas perceptível em nosso subjetivo, que sustenta o planeta Terra e outros dos quais temos conhecimento e, ainda, outros por descobrir. É o reconhecimento desse Ser que chamamos Deus que apazigua nossas indagações e conflitos, dando-nos alento e acomodando nossas vidas por meio da crença, da esperança em realidades melhores, de paz, alegria, sossego, harmonia completa no paraíso prometido desde a criação humana, de acordo com os escritos bíblicos.

Desde os tempos antigos de que temos notícia, o ser humano tinha suas divindades e suas crenças no Sagrado, cada época do seu jeito, mas que nos inspira a acreditar que a vida e o mundo contêm seus mistérios e os entes sobrenaturais explicam o inexplicável aos olhos humanos. Somos seres limitados, efêmeros e imperfeitos, mas que ansiamos pela infinitude, a eternidade, a realidade plena. Nesse sentido, busquemos a religião para dar apoio e sustentação à fé que temos em algo divino, de onde vem a energia para continuarmos com ânimo no itinerário da vida. Nos momentos de dores, angústias, desânimo, tristeza e luto, recorremos às forças espirituais e, confiantes, suplicamos o auxílio do alto. A fé restabelece nossa esperança em dias melhores.

O termo religião tem sua origem na língua latina, vem do vocábulo *religare*, religar, ligar de novo. A religião tem por objetivo primário ligar o humano ao divino. Segundo relatos bíblicos, pelo pecado o homem cortou sua relação intrínseca com o Sagrado, por isso tem desejos de voltar às suas origens divinas, anseia pela volta ao paraíso perdido. Acredita-se que esta vida é uma passagem de purificação, como disse o filósofo grego Platão: "o corpo é o cárcere da alma", e a morte é o momento de libertação de um corpo imperfeito para a realidade espiritual de plena perfeição.

A religião é uma instituição necessária para os humanos. É através dela que buscamos alentos aos momentos extremos de angústia e impotência diante da vida. A crença em um Ser onipotente e invisível nos remete para além desta realidade limitada, da qual somos prisioneiros como afirmou Platão, para almejar a libertação plena de todos os sofrimentos existenciais do reino da matéria. Outro fator importante da religião é de cunho social, são os valores éticos e morais disseminados a seus seguidores: o respeito de uns pelos outros, a caridade, a compaixão, o amor a Deus e ao próximo, entre outros, funcionam como um freio social e permitem viver em harmonia na sociedade. O homem religioso teme a Deus e tem consciência de suas ações, pela ótica do bem e do mal, contribui e muito com a convivência benfazeja entre os seus. A religião atua como breque social, impede que avancemos por atalhos e caminhos tortuosos, cujo perigo é se perder e não chegar ao destino final, mas quando caminhamos com segurança, iluminados pela fé e guiados pela religião, a chance de chegar onde se almeja é muito maior. São essas premissas que dão a certeza de que é possível a existência do paraíso e que a vida neste planeta tem dimensões transcendentais. Estamos aqui de passagem, cumprindo uma missão, mas a meta final é o regresso às nossas origens, o retorno ao jardim de delícias, como figurado pelas Sagradas Escrituras, onde não haverá dor e sofrimento, os suplícios da carne. Temos esperança em vidas melhores. Como afirmou Santo Agostinho: "somos cidadãos de dois mundos, estamos vivendo na cidade dos homens com destino à cidade de Deus". *(A Cidade de Deus — Parte II — Livros XI a XXII, Santo Agostinho).*

Cultivando a mente, dominando o corpo

Percorrendo trilhos, atalhos e caminhos por entre várias gerações, povos de lugares e épocas diferentes, deparamos com muitos comportamentos e costumes antagônicos, que enriquecem nossa visão de mundo, a partir das mais diversas maneiras de viver e se organizar em sociedade. Compreender a vida passa pelo crivo de muitas dimensões e influências sofridas ao longo da existência humana e anterior a ela. O que somos dependeu de muitos fatores que foram determinantes para formar o comportamento do sujeito em uma sociedade específica. Além de influências genéticas e de reações traumáticas dos antepassados que respigaram na geração do presente, temos o fator cultural como decisivo para modelar hábitos e costumes e, com eles, a percepção de mundo e da necessidade de ressignificar valores éticos e morais arraigados na nossa cultura.

A cultura, de modo geral, refere-se a tudo o que o ser humano pensa, imagina e faz, ela é decisiva para definir comportamento padrão e identificar um povo por sua civilização. No sentido etimológico, é o cultivo do ser em seu processo de formação. É a atribuição de significado ao mundo e a nós mesmos, significados esses que são passados adiante e modificados de acordo com as necessidades que vão surgindo em cada grupo.

Desde cedo, o indivíduo é educado de acordo com regras estabelecidas de uma sociedade, é passado a ele os costumes e valores do grupo onde vive. A criança aprende a se comportar e agir a partir dos exemplos que tem em seu convívio, mas também recebe punições ou reprovações quando não age de acordo com o esperado, é recompensada quando aprende a viver em harmonia com os ensinamentos do grupo. São os estímulos que vão modelando as ações e costumes tidos como bons ou maus. Assim, o indivíduo vai assimilando conceitos de verdadeiro ou falso, permitido ou proibido entre outros, formando hábitos e tomando consciência de como deve viver de acordo com as normas impostas pelo grupo onde está inserido.

A sociedade é coercitiva, exerce força sobre seus membros, determina como falar, impõe uma forma específica de comunicação por meio de uma linguagem oficial e com a linguagem dissemina valores e dá significados aos objetos, às pessoas e suas atitudes, aos gostos musicais e artísticos, às formas de alimentação, aos rituais religiosos entre tantos outros. Pelo modo de ser, de falar e de agir é possível identificar a que grupo ou região um indivíduo pertence. Tem características próprias.

Ao longo do tempo, sempre houve a preocupação de preservar a cultura de um povo para que ele tornasse uma nação forte pelo cultivo das tradições e valores que representam a origem e história do grupo, principalmente a língua e sua semântica, os princípios religiosos, as comemorações cívicas e o amor à pátria. Essa necessidade de compreender quais fatores unem a nação e quais desunem os membros de um grupo, no século XIX surgiram alguns estudos científicos para entender o sistema de agregação ou desagregação em dados momentos da história humana e o porquê de certos conflitos. Entre eles, destaco o Positivismo de Augusto Comte, filósofo francês (*Curso de Filosofia Positiva, 1830*). Segundo ele, "a ciência tem o objetivo de pesquisar as leis gerais que regem a humanidade para reorganizar a sociedade, restabelecendo a ordem e o progresso", acreditando no cientificismo da Idade Moderna, principalmente nas teorias da Física que estava no auge em sua época, com Galileu Galilei e depois Newton. Essa reconstrução consistia na regeneração das opiniões (ideias) e dos costumes (ações) humanos. Essa reestruturação deveria obedecer aos seguintes passos: reorganização intelectual, depois moral e por fim a política.

Segundo Comte, a ciência tinha a tarefa de reconstruir a ordem nas ideias, ao trabalhar de forma científica para resgatar valores e tradições que unem os indivíduos e evitar ideias perversas que geram conflitos dentro da sociedade. A indústria por sua vez teria o papel de proporcionar o progresso econômico à sua população por meio da produção industrial em larga escala. Daí o grande lema "Ordem e Progresso" estampado em nossa bandeira brasileira. Isso significa que o Positivismo francês influenciou nossa formação cultural, principalmente na educação e política da elite no Brasil.

Como vemos, a cultura é um processo resolutivo na construção de nossa mente (ideia) e formas de ver o mundo, bem como tem o papel decisivo no controle de ações e comportamentos indesejados na sociedade em que vivemos. Para cada fase da vida se espera um comportamento de antemão, de acordo com os padrões aceitos e impostos pela cultura. São muitos os mecanismos de controle social, mas a cultura age sem que os indivíduos percebam suas ações, uma vez que estão arraigadas no imaginário coletivo. Agimos de forma automática e inconsciente em relação aos nossos hábitos e costumes, pois são eles que nos dão apoio e segurança em nosso caminhar por essa estrada desconhecida chamada vida. É como se tivesse uma corda amarrada em um tronco que nos desse firmeza para atravessar um rio volumoso com forte correnteza. Assim é a cultura, um vínculo forte com o passado que determina o presente, norteia o equilíbrio e a segurança na travessia, mas que permite ir além dos obstáculos e construir pontes para vislumbrar novos horizontes, possibilitando a evolução humana. Com experiência passada e transmitida de uns aos outros, herdamos uma enorme bagagem que auxilia a cultivar a mente e controlar os instintos de nosso corpo, facilitando o convívio harmônico e responsável em nossa travessia, mas deixando para trás rastro e experiência que serão de grande valia para quem está iniciando o itinerário da vida. É esse laço, essa corda chamada cultura que une o passado ao presente e permite projetar-se para o futuro, um vínculo de sustentação e segurança, um cordão umbilical que alimenta expectativa e esperança a todos que por aqui estão e aos que virão, uma vez que a vida humana é passageira e o legado deixado pelos transeuntes permite a continuidade da caminhada sem ter que regressar à origem do caminho. Com a mente cultivada e o corpo controlado é possível evitar tropeços e ir mais longe com segurança. A cultura de um povo é uma mão invisível e poderosa que agrega, une, sustenta e identifica caminhos seguros e promissores para serem trilhados por novas gerações, mas possibilita avanços e novas conquistas. A cultura controla a mente e disciplina o corpo, dá identidade e pertencimento aos indivíduos.

Ocupando um espaço no Universo

Na viagem que percorremos por caminhos sinuosos ou atalhos, surgem muitas incertezas sobre nossa origem e destino, mas também sobre o lugar que ocupamos neste itinerário da vida. Compreender o significado e importância da existência, torna o trajeto mais seguro e dá mais estabilidade para seguir avante. Mas o que sou afinal? Qual é a durabilidade de minha existência? O que me espera depois da morte? Perguntas tão antigas quanto o homo sapiens, depois de despertar a consciência de si, de sua origem e seu destino, mas que ainda guarda muitos mistérios a serem desvendados por serem questões complexas à razão humana. Por mais que discorramos sobre tais teses, nunca iremos tecer respostas completas e indubitáveis sobre o assunto. Quando pesquisamos sobre a origem da vida e das galáxias que habitam para além da fronteira de nossa compreensão, percebemos a complexidade da vida, sua origem e os enigmas que mantêm a ordem universal e os ciclos e movimentos que continuam há milhares de anos de forma sincrônica, sem que nenhum planeta ocupe a órbita do outro, cada qual na sua rota e seu espaço. Quem foi, é e será o programador de tudo isso? Questão que merece ser pesquisada, mas quem poderá responder de forma adequada, lógica, este problema de tamanha grandeza?

Percebemos que são muitas indagações e poucas respostas convincentes a respeito do Cosmo e seu mistério, sobre as várias formas de vidas na imensidão do universo e que a humana é apenas uma delas em meio a milhares de outros seres existentes, que ora competem entre si, ora são parceiros na manutenção das espécies no ecossistema. Entre tantas teorias e hipóteses elaboras pelos humanos e em todas as épocas, não podemos refutar que a única certeza que temos é sobre a realidade material que nos cerca e passiva de ser vista e manipulada por mãos humanas, de ser pesquisada e compreendida, até modificada quando assim permitir a inteligência humana. Só vemos e sentimos ao nosso redor tudo que incita nossos sentidos, seja pela visão, audição, tato, paladar e olfato. São nossas antenas de comunicação com o reino da matéria e canal de informação sobre o meio em que vivemos. Sem descartar a tecnologia que nos ajuda ir além de nossa limitada natureza.

Voltando à questão inicial, o que sou afinal? Um animal racional, que pensa, abstrai e reflete? Sou um corpo, um amontoado de reações de elementos químicos, matéria em constante movimento que perpassa e modifica todas as células, seja pelo ar que respiramos, pela energia ingerida de alimentos, ou a água que bebemos, pelo bater do coração que faz o sangue circular para irrigar o corpo para aguçar tendões e músculos a estar predispostos à ação quando receberem comandos de nosso cérebro. Bem, o corpo não é difícil de ser estudado, seja pela biologia, química ou medicina, seus mecanismos, suas partes, órgãos e funcionamento, sua composição química, mas e o cérebro é apenas massa e neurônios, como ele coordena todas as ações deste amontoado de carne e osso? De onde vêm os estímulos, o raciocínio, o pensamento, a reflexão? O cérebro seria a mente, o espírito ou alma? Seria o corpo comandado por algo imaterial e imortal, a alma, como afirmou o filósofo grego Platão? *(Fédon — a Imortalidade da Alma)*.

Claude Rodrigues escreveu um poema *(Antropologia poética – Rio de Janeiro: Fiver Etar, 2004, p.34)*: "Meu corpo é uma máquina de sonhar. Todos os meus gestos, palavras e olhares são extensões de meus sonhos. Tudo o que toco seja com os olhos, o ouvido ou o tato faz parte do meu corpo. O som, o ar, os postes tomam lugar nas hostes desta máquina de sonhar". Segundo o poema, tudo o que é captado pelos sentidos integra o corpo, ocupa na mente um espaço e o corpo é uma máquina que sonha. Mas de onde vêm os sonhos? Para o psicanalista Freud *(A Interpretação dos Sonhos)*, "os sonhos são emoções fortes, traumáticas, que ficam guardadas no inconsciente humano e liberadas pelo sonho quando dormimos, uma maneira menos dramática de acesso ao consciente". Porém sonho pode ser sinónimo de desejo, anseio de algo que não se tem e se deseja ter. Nesse sentido, todo ser humano é uma máquina de sonhar. Os sonhos são como analgésico da alma no momento de angústia e sofrimento. Por eles, somos transportados para além da realidade nua, para aspirar por momentos de superação, paz e felicidade.

Na Idade Moderna, o filósofo francês René Descartes, no Tratado sobre as paixões da alma, influenciado pela Revolução Científica, manteve a concepção dualista do corpo-alma, já mencionada por Platão na era antiga, concebe um corpo-objeto associado às ideias mecanicistas do ser humano máquina. Para Descartes, "nosso corpo age como máquina e funciona de acordo com as leis universais da ciência". Semelhante a Platão, cabe à alma submeter a vontade à razão e controlar as paixões que prejudicam a atividade intelectual. Destaque para a alma que é superior ao corpo e, portanto, deve ser controlado.

Essas ideias perpassaram séculos e ainda são encontradas no meio religioso, principalmente entre os mais radicais, que entendem que o corpo tem tendência para o mal, como as paixões, os desejos carnais como a luxúria, a gula, a inveja, o orgulho e outros instintos, que podem ser malignos quando não forem controlados pela penitência e mortificação do corpo. Seguindo essa linha, somos a junção de um corpo (matéria) com a alma imaterial (psiquê), que tem ligação com algo transcendente, ou seja, ultrapassa os limites da matéria e as leis naturais a que o corpo está submetido. Nesse caso, observamos um certo conflito entre corpo e alma, já que são instâncias opostas e anseiam também por realidades diferentes. Seria essa alma energia ou o intelecto que comanda a mente humana, que estimula os movimentos do corpo, tais como: andar, trabalhar, comer, estudar, dormir, falar e tantos outros? Se buscarmos na etimologia latina da palavra alma encontramos o vocábulo *anima*, o que dá movimento, anima o corpo, portanto representa vida, o sopro vital, como explica a Bíblia. Cientificamente, só temos hipóteses ou nem isso, já que a ciência nada pode falar daquilo que não pode provar. Hoje temos a neurociência que estuda o sistema nervoso, formado pelo cérebro, medula espinhal e nervos periféricos e as ligações dele com toda fisiologia do corpo. O objetivo é decifrar os comandos e as funções do cérebro, além das alterações que o órgão sofre com o envelhecimento. Como percebemos, a ciência nada acrescenta sobre a tese da alma.

Nesse percurso que seguimos, nesse itinerário, procurando entender o lugar que ocupamos neste espaço chamado Terra, podemos concluir que temos um corpo (matéria), composto por vários elementos químicos: oxigênio, carbono, hidrogênio, cálcio, fósforo, potássio, enxofre, sódio, cloro e magnésio. Somos frutos de reações químicas, formando assim nossa massa corpórea, passível de ser mensurada. Além de ocupar um espaço específico no planeta, ocupamos uma posição de destaque entre os demais seres existentes, pois dominamos a matéria bruta e a modificamos em nosso benefício e mantemos a superioridade em relação às demais vidas animais e vegetais, pois temos história e cultura que nos permite dar sequência na caminhada de humanização, pelos registros deixados pelos nossos antecessores e, assim, damos continuidade à trajetória construída, melhorando o que não foi positivo no passado de acordo com a necessidade de cada tempo. São as experiências que impulsionam a travessia por este mundo até a predestinação a cada ser que ocupa um lugar por aqui. Temos um corpo e uma mente que permite aludir que, para além daquilo que os olhos veem e a mente percebe e indaga por analogia, temos um valor divino dado pelo Criador. É como diz no *Salmo 8,6-7*: "Entretanto vós o fizestes quase igual aos anjos, de glória e honra o coroaste. Deste ao homem poder sobre as obras de vossas mãos, Vós lhe submeteste todo o universo". Talvez seja este o legado que temos ao passar por esta existência, melhorar e não destruir o espaço que ocupamos, deixar um mundo melhor do que o que encontramos.

Finalizando a viagem

O caminhar de nossa existência tem o ponto de partida e o de chegada. Tudo o que existe tem começo, meio e fim. Nada dura para sempre, no reino da matéria tudo passa pela temporalidade. Embora não exista uma lógica, uma estrada retilínea, apesar de todos fazerem o mesmo itinerário, cada indivíduo tem o seu percurso, uns mais longos e outros menores. Nesse aspecto, a durabilidade da vida depende de muitos fatores que podem aparecer na caminhada existencial. Somos seres frágeis e corremos riscos de acidentes a todo instante. Quem não passou por situação de perigo e se safou por fração de segundo? São muitos os momentos de aflição que incorremos ao longo da vida e, por sorte ou força do destino, continuamos a jornada por mais tempo. Outros não tiveram a mesma sorte, foram ceifados muito cedo, segundo nosso julgamento.

Nesta jornada chamada vida, o tempo é cruel. Para quem não partiu na infância, na juventude ou na fase adulta, está reservada a velhice, termo bastante preconceituoso hoje, talvez por sua conotação de descarte, lixo, algo que não tem mais serventia. Seria melhor então falar em terceira idade, como se idade não fosse a contagem do tempo de forma cronológica? Há quem ousa chamar de melhor idade, melhor para quê ou para quem? Ou ainda a chamam de sessenta mais (60+). Como hoje tudo que se diz está sujeito à censura, procura-se dizer a mesma coisa amenizando o teor da fala para não caracterizar discriminação, pelo menos na expressão linguística.

As pessoas que vivem por mais tempo trazem no rosto, nas mãos e em seu corpo, as marcas do tempo. As rugas, os cabelos brancos, o corpo encurvado, as manchas na pele, indicam experiências de vida e contato com o sol, a chuva, o vento, o frio e o calor e demais intempéries, são cicatrizes que guardam muitas lembranças de momentos bons ou não, mas que foram superados e enfrentados com bravura e persistência, por isso vivenciados com honra, gratidão e satisfação. As lembranças e histórias, guardadas com sentimentos e emoções, ressignificam a vida de quem está finalizando a viagem existencial. O que move é a saudade do tempo que foi e as realizações bem sucedidas no decorrer da trajetória destinada a cada transeunte que desbravou os trilhos da vida.

No contexto filosófico, o tema da velhice contrasta com a juventude: "a juventude e a velhice coexistem em um espaço de corpo e de alma desde o nascimento. O envelhecimento humano é o belo em si mesmo, como o jovem em si mesmo e tudo mais que a validade contenha de saber eterno". Como diz a filosofia, a velhice é consequência do tempo vivido, o indivíduo carrega dentro de si, no seu arcabouço existencial, todas as fases vividas. O envelhecimento é o belo em si mesmo, o coroamento da vida, cumprindo a finalidade do existir. Para Arthur Schopenhauer, filósofo alemão do século XIX *(O Mundo como Vontade e Representação)*: "A vida é uma alternância entre a dor, proveniente da necessidade e desejo de obter algo, e do tédio, decorrente da satisfação que resulta da necessidade suprida". A vida humana transcorre, toda inteira, entre o querer e o conquistar. A velhice é um período de transição para a morte. O desaparecimento gradual das forças com o progresso da velhice é bastante triste, mas necessário e benéfico para a conscientização da degeneração da vida, do contrário, a morte por ela anunciada seria bastante difícil. Segundo Schopenhauer, a vida oscila entre a dor e o tédio, o querer e o conquistar para suprimir necessidades biológicas, culturais e sociais. A velhice sinaliza a passagem para outra realidade e o fim da caminhada por este planeta, ela é inevitável e benéfica, fase de transição para outras dimensões, para trilhar outros caminhos, cuja porta de passagem é a morte. Nascer, crescer, viver e morrer é o processo natural da vida humana. Ao nascer, herdamos um itinerário a ser percorrido e é nele e por ele que vamos conquistando nossa maturidade e desenvolvendo nossa identidade humana, como diz na psicanálise, o Self *(Rogers -Percepção de si mesmo, o seu eu)*.

Todos que nascem trazem em si o selo da morte, o passaporte para a plenitude existencial. Embora a morte cause angústia e luto a quem fica, pelo fato de cortar o vínculo afetivo com quem partiu, precisa ser entendida com resignação, uma vez que faz parte da essência humana. É o ponto de chegada e término da vida, que ao nascer e iniciar o itinerário vital, traz em sua essência e coroação da viagem um fim, uma finalidade existencial que ultrapassa o entendimento humano, para regressar na dimensão espiritual e divina. A volta para o lugar oriundo da vida, junto do Criador.

Conclusão

A vida é tecida por muitas etapas ao longo de nossa existência. Nada neste mundo está estático, tudo vai se desenvolvendo com o passar do tempo e as mudanças são inevitáveis, a vida por aqui segue a lei do movimento e a transformação é constante.

Neste pequeno ensaio antropológico, relatei de forma suscinta o itinerário existencial, com citações de alguns filósofos e passagens bíblicas para dar suporte na compreensão ao problema da vida, sua origem, desenvolvimento e finalidade.

Na tentativa de elucidar o mistério da existência, os encontros com pessoas e conosco mesmo são fundamentais para o reconhecimento de nossa individualidade, pessoa e ao mesmo tempo cidadão. O outro funciona como um termômetro, um espelho, para a avaliação pessoal, faz compreender que cada sujeito é único, tem dons e qualidades importantes para a preservação da vida humana, seja pela produção de bens e serviços, seja na esfera política e coletiva, bem como no aspecto cultural e religioso. São muitos os mecanismos criados pelos humanos para organizar e beneficiar a manutenção da vida neste planeta. Por ser cidadão, vivendo na pólis, temos obrigações para com o Estado e a esfera pública, o bem comum.

Trilhando os caminhos da vida, somos responsáveis por nós mesmos, pelas pessoas ao nosso redor, pelo meio ambiente e preservação de toda forma de vida, uma vez que, no ecossistema, tudo está inter-relacionado. Somos agentes criados por Deus para cuidar do habitat natural. O ser humano tem responsabilidade maior para com toda forma de vida na terra. Diante de tantas interrogações sobre a vida humana, a conclusão que se tem é que temos um corpo (matéria) e uma alma (psiquê), conforme a tradição e definição da filosofia clássica (Platão). Somos a junção de corpo-alma, dependemos das leis naturais para viver, mas pela alma rompemos os limites da matéria e ansiamos por dimensões transcendentais. Talvez por isso, nossa existência é marcada pelo conflito entre os desejos carnais e os espirituais, precisamos do mundo para viver e, ao mesmo tempo, não temos permanência aqui. Somos cidadãos de dois mundos, vivemos na cidade dos homens com destino à cidade de Deus, de acordo com o pensamento de Santo Agostinho.

Em nossa viagem por este itinerário chamado vida, vamos construindo caminhos por onde passamos, deixando rastros para que outros também possam transitar com segurança, já que a vida é uma construção de nós mesmos, do espaço por onde passamos e de nossas relações com nossos semelhantes e com Deus, nosso Criador, para que, ao chegar no final do percurso, possamos dizer como São Paulo:"Combati o bom combate, terminei a carreira, guardei a fé". (II Timótco 4,7)

Referências

ARANHA, Maria Lúcia de Arruda: MATINS, Maria Helena Pires. **Filosofando**, Introdução à Filosofia – Editora Moderna, 2017.

FREUD, Sigmund. **Primeiros Escritos Psicanalítico** (1893 a 1899) – Tradução Paulo César de Souza – Editora Companhia das Letras.

GONZAGA, A. R. **A Voz do Self, meu encontro com Jung** – Amazon.com.br.

MONDIN, Batista. **Curso de Filosofia** (Volumes I, II, III) Edições Paulinas, 1987.

MONDIN, Batista. **O homem quem é ele?** (Elementos de Antropologia Filosófica)- Edições Paulinas, 1980.

MORE, Thomas. **A Utopia** – Série Coleção Grandes Obras, Editora Lafonte Ltda, 2017.PASCAL, Blaise – **O Caniço Pensante** – Tradução Arlindo Nascimento Rocha- Editora Autografia, 2021.

SCHOPENHAUER, Artur. **O Mundo Como Vontade e Representação** – Editora Contraponto, 2001.